CÓMO MONTAR UN **NEGOCIO** ONLINE

Autor: Rafael Ignacio Merchán Jiménez

Cómo montar un negocio Online

Rafael Ignacio Merchán Jiménez

Contenido

Introducción	4
Y el producto es...	6
¡Ya lo tengo!	8
La idea, en una servilleta	9
¿Qué afirmaría un especialista?	10
3 modelos de negocio... ¿por cuál apuesto?	11
MODELO A.	11
MODELO B.	11
MODELO C.	12
¿Qué diría un especialista?	13
Dónde se encuentra mi distribuidor	14
Aduanas y certificación	17
Personalizar	19
Necesito alguien que...	19
¿Qué busco precisamente?:	20
Logística y pasarela	23
¿Qué opinan los especialistas?	24

Cómo montar un negocio Online

Rafael Ignacio Merchán Jiménez   cocorafa.es

Y esto, ¿de qué manera lo vendo?	25
Un proyecto 'social'	27
Con los costos, de puntillas	29
¿Qué nombre...? ¿Qué logotipo?	31
Echando cuentas	33
¡Necesito otra fuente de ingresos!	35
Vender a institutos	36
¿Qué afirmaría un especialista?	37
¿Qué va a ver mi cliente del servicio?	38
Sin sorpresas para mis clientes del servicio	39
¿De qué manera mejoró el logotipo de mi tienda virtual?	40
¿Va a funcionar?	44
Conclusiones de este experimento	45

Introducción

Por si acaso no lo sospechabas aún, ya te lo afirmamos nosotros: una tienda Online no se monta en un mes. Y te lo afirmamos porque lo hemos intentado y, simplemente, no se puede: hacer el estudio de mercado, dar con un modelo de negocio, hallar distribuidores, solicitarles presupuesto, que te lo manden, negociar con ellos a fin de que te salgan las cuentas, echar esas cuentas, contratar el distribuidor de tecnología...

Vamos, por poder se puede, pero con escasas garantías –ninguna, si me preguntas a mí– y exponiendo ese dinero que piensas capitalizar.

La cuestión es que he querido dar un giro a de qué forma enfocamos este Ebook y he escrito todos y cada uno de los pasos para montar una tienda nosotros mismos. Deseaba ponerme en el sitio de alguien que no tuviese experiencia en montar un negocio

Online para probar exactamente los mismos inconvenientes que –si eres un especialista en tiendas Online, no hay duda de que ya te sabes todo esto, con lo que esto no se dirige a ti

Mi idea ha sido seguir todos y cada uno de los pasos igual que los darías al querer montar una tienda Online: darle vueltas a qué producto podría vender; ver de qué forma iba a lograr ganar dinero; buscar y localizar proveedores; testear los productos de esos proveedores; escoger los productos que por último se van a vender; hacer el estudio de mercado… Bueno, todo eso y después contrastar mis pasos con especialistas para poder ver exactamente en qué he atinado y exactamente en qué he errado, a fin de que des menos pasos en falso si montas una tienda en línea.

Y el producto es...

¿El paso inicial? Ver qué producto venderé. Empiezo dándole vueltas a qué opciones se me ocurren para la tienda:

1.- Púas para guitarras. Pues había visto la idea en el extranjero buscando ideas de negocio para la sección de Ocasiones de la revista y por el hecho de que me lo había comentado mi compañero Luís Díaz hacía poco. Luís había visto una máquina que fabricaba púas.

2.- Mandiles para cocinar. Pues me chifla una tienda francesa que vende, eso, mandiles: MadameChoup. Se toman el mandil como un factor de tendencia, con diseños propios (nada de meter un dibujo o bien imprimir una fotografía).

3.- Impermeables para montar en bici. Por el hecho de que están en el catálogo de una compañía estadounidense de ropa para mujeres corredores a la que le tenía echada el ojo para la gaceta.

4.- Lápices táctiles para tablets. Pues había leído un artículo en el Blog de la edición digital de la gaceta estadounidense de tecnología Wired Gadget Lab que consulto habitualmente. Hablaban de un boli táctil alemán de calidad.

5.- Correas de seguridad para Bebés. Por el hecho de que lo había visto en un episodio en TV de Modern Family antes de que mi sobrina comenzase a caminar y había pensado que era una tontería. Y ahora que mi sobrina anda, como que me parece mejor idea.

¡Ya lo tengo!

Le doy vueltas a todas y cada una estas propuestas y al final me quedo con los lapiceros táctiles. La idea que me agrada más es la que he leído en Wired y lo leo ahora con nuevos ojos.

Siempre había pensado que había vida más allá de los productos de Apple y que productos para los usuarios de iPad hay para aburrir, pero no para el resto de tabletas y marcas.

El artículo en cuestión hacía referencia a un producto alemán: AluPen. Conque lo busco en Internet y les escribo a la dirección comercial para decirles que estoy interesado en transformarme en distribuidor. Al verlo, me recuerda a los Plastidecor con los que jugábamos de pequeños y con los que entonces jugó mi sobrina. Es un diseño original de la marca y es caro 24,95 euros, sin Impuesto sobre el Valor Añadido y sin gastos de envío. Bueno, ya tengo por dónde iniciar. ¿Lo fabricarán así en China…?

La idea, en una servilleta

"Voy a vender bolis táctiles. Pero, ¿bolis de primera calidad o bien me bajo a coste y traigo producto de China con más margen?"

Esto es la primera cosa que apunto en una servilleta. No tengo claro solamente –ni qué producto, ni a quién se lo voy a vender–, con lo que empiezo a darle vueltas. ¿Bolis de primera calidad? ¿Bolis de China? ¿Para ejecutivos? ¿Para artistas gráficos? ¿Para pequeños? Tengo claro que un negocio es buen producto a un buen costo con alguien del otro lado presto a pagar por él y todo ello mediante un canal que funcione. ¿De qué forma consigo ese buen coste? ¿Dónde debo buscar?

¿Qué afirmaría un especialista?

Pues tengo claro que no me pondré a fabricar, debo hallar fabricantes. El gran inconveniente que tiene el emprendedor es con el distribuidor. Es el que tiene la llave del negocio de una tienda Online. Los márgenes del sector de la electrónica, por poner un ejemplo, están machacados. Siempre han sido cortísimos. Entre un 4% y un 9%.

Si, de entrada, esos distribuidores marcan una línea de costos, puede ser interesante. Otra cosa son las condiciones que te planteen. Debes ir distribuidor por distribuidor y preguntarles qué condiciones te marcan. Te pueden hacer un 5% de descuento y una enorme superficie un 40%, Si, de partida, te señalan que debes adquirir 100 unidades… eso ya va a complicar las cosas para un proyecto modesto.

3 modelos de negocio… ¿por cuál apuesto?

Vale, deseo vender lapiceros táctiles, pero ¿de qué forma? ¿Solo lapiceros? ¿De gama alta? ¿Voy a coste? Tras efectuar el estudio de mercado, en una servilleta (por aquello de la crisis) escribo estos 3 modelos, que cuando arranco con el proyecto son los únicos que se me ocurren:

MODELO A.

Se llamaría www.tulapizdigital.com: se trata de una tienda de lapiceros táctiles y repuestos de esos lapiceros a buen costo. Pienso en traer producto de China, coger varios modelos y probarlos.

MODELO B.

Abriría una tienda a la que llamaría algo semejante a www.bamboomanía.com. Es un modelo de tienda de marca–distribuidor. En un caso así, de los productos de la japonesa Wacom. He buscado un producto de calidad en el mercado y me he encontrado con que la referencia es el Bamboo Stylus, y he pedido al contacto comercial que me explique cuáles son las condiciones para sus distribuidores. Puede tener sentido repartir Online este producto y otros de esta marca. Mi objetivo: clientes del servicio con alto poder adquisitivo y artistas gráficos.

MODELO C.

El último modelo consistiría en vender accesorios para tabletas y dispositivos móviles y centrarse en un nicho: los peques. La tienda que abriría sería algo similar a www.babytablet.com, una tienda de productos táctiles para peques: bolígrafos de colores, bolígrafos para papás, leads para aplicaciones, fundas y protectores de pantalla. Incidiendo en la personalización de estos productos. La complejidad estaría en darlo a conocer, pero...

¿Qué diría un especialista?

Contrasto con mi mujer en la que confío plenamente por sus conocimientos en negocios estos 3 modelos de negocio. Ella me comenta que "el modelo A no funcionaría siendo un solo producto, con poca demanda. No tendría suficientes clientes del servicio para hacerlo viable. Además de esto, no tiene, en el fondo, suficiente margen".

"El B se cae por exactamente los mismos motivos. El inconveniente de estos 2 modelos es que es un ámbito pequeño", prosigue.

El C, no obstante, podría marchar. ¿Por qué razón? "Hay un boom en la penetración de las tabletas en los hogares. Y el esnobismo de los progenitores se traslada ahora a los hijos. Funciona bien con estrategia de Blogs y redes sociales", apunta. Además de esto, quien tiene una Tablet tiene un poder adquisitivo razonable.

Dónde se encuentra mi distribuidor

¿Por dónde comienzo? ¿Dónde encuentro a distribuidores? Sabiendo ya qué deseo vender y con qué modelo de negocio, inicio mi estudio de mercado en Internet para poder ver qué género de fundas y bolis táctiles (stylus es el nombre que se usa en el campo) para tabletas se venden ahí fuera y qué otros accesorios pueden localizar aquellos humanos que no tienen una tableta con una manzana grabada a sus espaldas. Mi punto de inicio son las tiendas Online de Pixmanía, Amazon y también Imaginarium. Offline me paso con mi mujer (que termina, a propósito, hasta el gorro de mi experimento) y mi sobrina por ToysRUs, Imaginarium, El Corte Inglés y por una tienda de referencia de gadgets y accesorios en Málaga: K-Tuin, a ver qué tienen.

Me preocupa, sobre todo, Imaginarium, que termina de lanzar su tableta, Superpaquito, con lapicero incluido (lapicero que, a propósito, es sospechosamente semejante al de los alemanes, solo que en blanco...). Es una competencia potente, pero no venden accesorios —sus tabletas se van a poder personalizar y proteger...— y, además de esto, ayuda a propagar las tabletas entre el público infantil. Con lo que una (grande) de cal y otra, de arena. Entonces realizó búsquedas en Google para descubrir al resto de vendedores en línea (en la primera y segunda página de resultados) a ver qué encuentro. Asimismo analizo el volumen de buscas en Google Trends —una herramienta gratis que te deja examinar la popularidad de las búsquedas–. Tecleo en los buscadores: 'Accesorios para tabletas'; 'Lápices táctiles'; 'Stylus'; 'Lápices táctiles para Android'; 'Bolígrafos táctiles'; 'Tablet para niños'; 'iPad cover smart'; 'accesorios para Tablet'; 'fundas para Tablet'; 'personalización de

Tablet'; y 'fundas para iPad'. La expresión que más buscas ofrece, tiene 1.500 al día. Hmmm. Pocas me parece a mí.

Recuerdo de otra empresa, británica, Proporta.com, a los que procuré adquirir el año pasado una funda para mi padre, que tiene un modelo de Palm que empleaban ya en el Antiguo Egipto. Me ayuda ver de qué forma esta tienda en línea organiza los productos y me sirve para confirmar que verdaderamente poco producto hay más allá de la manzana. Mi siguiente duda es: ¿Dónde se encuentran los distribuidores?

Como no sé por dónde iniciar, me doy de alta en Alibaba.com, una plataforma de contacto entre vendedores y distribuidores, e inicio a buscar distribuidores por las categorías de producto. No tardo mucho en localizar uno que fabrica un boli táctil que, si doy crédito a la fotografía, es precisamente igual que el alemán AluPen. Para un pedido de 100 bolis me solicitan 0,30 céntimos de euro (ya hecha la conversión a euros) por unidad. Teniendo presente los gastos de transporte y aduanas, al final, traerme un bolígrafo chino me cuesta 2,92 la unidad. Le solicitó una muestra a este distribuidor. Aquí se me ve el plumero. Les solicito uno y me afirman que haga un pedido de cien. Según parece es lo común (después lo voy a saber), pero insisto en que sea uno solo. Solicitar 1 me cuesta 14 euros, y 100, 156 euros, gastos de transporte incluidos. Solicito uno.

Aduanas y certificación

Mientras, se me ocurre charlar con un especialista, un emprendedor centrado en importación-exportación con China, para charlar con él de garantías, de tiempos, de qué manera hacer negocios con los chinos, en caso de que por último sean mis distribuidores.

Me pone al día de los trámites y costos aduaneros y me explica que si deseo dirigirme al público infantil, necesito una certificación independiente para asegurar los productos y observar la fabricación. Y ahí se encarece la operación. Y ya no me resulta interesante. El producto tarda en llegar, al final, un par de semanas. Es más grande de lo que aguardaba y considerablemente más pesado. Pruebo a ver la sencillez para extraer las piezas y no es bastante difícil. De este modo, a las bravas, no es seguro para pequeños. Llamo a mi especialista y le cuento. "Claro, han tardado 3 semanas por el hecho de que no te han visto serio. Debías haberles pedido 100". Creo que no solo me responde como especialista en transacciones con China, sino más bien como alguien con un espíritu emprendedor. Le comento que les afirmé que deseaba probar el producto y se enfadaron. "Normal", afirma.

Personalizar

Se me ocurre entonces personalizar las carcasas de los dispositivos móviles. Recuerdo, de ForCover, una compañía sobre la que leí hace unos años. Ellos desearon hacer lo mismo y como no había fabricantes, al final se pusieron a fabricar. Sigo con mi busca de distribuidores y me encuentro con el modelo Cosmonaut, de Studio Neat, les escribo... ¡y responden!

Necesito alguien que...

"Tengo idea de vender por internet bolis para pantallas táctiles de tabletas y dispositivos móviles. Ya cuento con costos de distribuidores tanto europeos como chinos y busco ahora una plataforma de comercio virtual en la que establecer mi tienda. Busco costes y servicios". Le escribo esto a un distribuidor de servicios de Internet para hacer un poco de mistery shopping.

Tengo claro que la tecnología es la menor de mis preocupaciones, en el sentido de que es un servicio que se subcontrata a un especialista. La tecnología, como me insistirán a lo largo del experimento los especialistas con los que voy hablando, "no te puede poner barreras, debe ser útil y no dejarte colgado".

¿Qué busco precisamente?:

- Diseño y programación: desarrollo de tienda Online, mantenimiento técnico de la tienda Online y alojamiento web.
- Marketing y comunicación: marketing en línea (posicionamiento en buscadores y SEM), social media y analítica web.
- Gestión: un ERP para administrar pedido, facturación, contabilidad y logística-transporte.

A las 2 horas ya consigo contestación del distribuidor de Internet al que he escrito. Me llama de forma directa un asesor, no un comercial. Me pregunta precisamente por el género de producto que deseo vender, a qué coste y a qué género de público al que le querré vender el producto. No sé si le persuado con lo que le cuento, pero me parece positivo que haga ese género de preguntas. Por lo menos me da la sensación de que sabe de qué va esto.

Las primeras cosas que me cuenta tras preguntarme qué deseo vender, me suenan bien:

- "Es un ámbito que conocemos bien. No tenemos ninguna tienda con tu mismo posicionamiento, pero sí clientes del servicio en el mercado de los accesorios informáticos".
- "Ten presente que no es tanto un negocio de costo, como de volumen. Te moverás en un margen de entre el 5% y el 8%".

- "Queremos garantizarte la supervivencia de la tienda. Prefiero venderte algo más económico y que tengas un ROI en 8 o bien 9 meses y en un año hacer evolucionar la página web y que te gastes más".
- "Vas a tener que entrar en la guerra de los comparadores: Ciao, Mercamanía, Google Shopping...".

Esto último es una cosa que no se me había ocurrido. ¿Es cierto? ¿Debo entrar en una guerra de comparadores? Entonces ese asesor ya entra en la parte más comercial, que no me suena tan bien.

Me comenta que todo me sale por 1600 euros, unos 133 euros por mes, sin tomar en consideración temas de facturación, que suben el costo 49 euros por mes. He leído en su página web que hay un alta de 249 euros-590 euros (depende del bulto que adquieras), pero no me ha comentado nada y no sé si está incluido en el coste total que me plantea por teléfono. Eso no lo sé hasta el momento en que 3 días después me llega el presupuesto. Al final, no son 1600 euros por año, sino más bien 1744 euros más 3996 euros (sumando todos y cada uno de los gastos auxiliares mensuales). Total: 5710 euros.

Logística y pasarela

Ahora busco al resto de distribuidores de servicios: logísticos y pasarela de pago. Los primeros no me pasan presupuestos, con lo que los extraigo de sus webs, y para la pasarela de pago, puesto que charlar con los bancos sin fuego real no tiene mucho sentido, apuesto por Paypal, cuyo costo es público y, de entrada, no se negocia.

¿Qué opinan los especialistas?

Los especialistas independientes que consulto me comentan que un distribuidor de servicios tecnológicos cobran entre 1.500 – 2.000 euros por montarte una tienda virtual desde una plantilla de calidad (estilo Prestashop, una solución contrastada), con un diseño mínimo, funcional para un proyecto común y darte algo de capacitación. Eso no incluye seguimiento del negocio. Y tampoco el mantenimiento.

Es un punto de inicio. Pero ¿está bien o bien está mal? No lo sé, con lo que le pregunto a un amigo, asociado a una empresa de desarrollo de software para web. "A la hora de valorar un presupuesto, divide el total de la inversión que debes hacer entre cuarenta euros la hora [algo costoso, ya lo sé] y de esta forma vas a tener el número de horas que va a dedicar a tu proyecto", me aconseja. Con el presupuesto que tengo en las manos, me da 45 horas para hacer mi proyecto.

Todos y cada uno de los especialistas que he consultado me han dicho que hay distribuidores más asequibles y que cuando hay volumen, los costos, bajan. Sin embargo, he preferido irme a costos medios de la tabla y a calcular costos de envío en la peor de las situaciones (en un volumen bajo de ventas). Los especialistas insisten en que se puede negociar con estos distribuidores.

Y esto, ¿de qué manera lo vendo?

¿Qué cuota de mercado te quedarás? ¿Qué cuota de mercado estimas para el corto, medio y largo plazo? Esta es el interrogante inicial —formulada de 2 formas diferentes— que te hacen muchos especialistas en marketing, ya antes aun de que pienses cuál será tu estrategia final. A mí, honestamente, me parece bastante difícil de contestar para una tienda virtual como la que propongo y con el dinero que tengo de partida.

Me explican que si mi producto lo compran 1.500 personas y me quedo con el 20% de ese mercado, vendería 300 lapiceros o bien 300 carcasas al día. Pero que lo procuren 1.500 personas no significa que vayas a tener 300 ventas... Con lo que, ¿de qué me sirve, de verdad, contestar a esa pregunta? El papel no solo soporta las cantidades, sino más bien cualquier cosa que escribas.

Ya antes de ponerme a meditar en la estrategia de marketing, estoy a puntito de tirar la toalla. Creo que el experimento ya ha funcionado cuando estoy a puntito de tirar la toalla... y prosigo adelante. En mi caso, flaqueo frente a las dudas que todo el planeta me proponía al hablarles de lo que deseo vender y a qué público.

"¿Pequeños? ¿Solo tabletas y accesorios? ¿De qué forma llegarás a ellos? No les va a interesar", me afirmaba todo el planeta. Estuve a puntito de creérmelo hasta el momento en que recordé (tardé múltiples días, tras regresar a valorar otros modelos de negocio y estar a puntito de reanudar al tema de las correas) que el negocio se iba a respaldar en una estrategia de marketing basada en la generación de contenidos de calidad: recomendación de aplicaciones infantiles para esas tabletas y recomendación de productos (aun invitando a los lectores que me plantearan traer productos, al estilo: si te resulta interesante adquirir este producto, escríbenos…).

Un proyecto 'social'

"Tienes que apostar por un proyecto muy social y vinculado al pequeño, o bien si no, no va a funcionar. Debe transformarse en una tienda que le apetezca compartir a los progenitores con los hijos por medio de propuestas. El día de hoy os planteamos que os descarguéis esta aplicación para Android que hace esto y lo otro... y entremedio les pones la funda de estrellitas, el bolígrafo diferente...", me insisten.

En el momento de emprender, siempre se dice que si no tienes dinero, precisas tiempo. Y a la inversa. En un caso así, para el proyecto que he planteado, no tengo mucho dinero para marketing, con lo que salvo la una parte de marketing digital pura y dura, para el resto solo voy a dedicar tiempo.

La idea que tengo, para ser franco con vosotros, es hacer un GeekDad, el Blog de la revista Wired para progenitores –con hijos– apasionados a la tecnología, en castellano. No una traducción al castellano, sino más bien un Blog con contenidos propios, nada de copiar y pegar. Y mejorándolo, en el sentido de que esos progenitores se impliquen en la tecnología de sus hijos y centrándome en el tiempo de ocio de progenitores y también hijos.

La idea sería producir tráfico y participar en Blogs de tiempo libre para progenitores con hijos –no en el ámbito de tecnología, que está copado y poco puedo aportar–.

¿El resto? SEM, para el que subcontrato a un distribuidor, y el posicionamiento SEO natural que sea capaz de producir.

Con los costos, de puntillas

Al final, no sé si ha quedado claro, decido no competir en coste y poner costos razonables, que no costos bajos. Realmente son costes altos, pero con las condiciones que me marcan los distribuidores deben ser más elevados de lo que desearía para poder sostener la compañía.

Además de esto, si es cierto lo que me explican los especialistas en pricing siempre es más simple arrancar con costes altos y después bajarlos, que comenzar con costes bajos y después subirlos. Además de esto, tengo clarísimo que no deseo dirigirme a clientes del servicio que vayan solo a costo, pues a esos no les voy a retener jamás con mi propuesta de valor. En el caso de los productos que me traigo de USA. y que trabajan con un PVP mínimo me quedo con ese costo y aprovecho para meterle más margen al producto adaptado, que es con el que, de veras, gano dinero... siempre, claro, que haya volumen.

Aviso para navegantes: solo he podido echar cuentas con los presupuestos que me han mandado. En el mes en el que monté la tienda, solo logré presupuestos reales para la personalización (me sale a 10,89 euros la unidad, incluyendo el Impuesto sobre el Valor Añadido y los gastos de envío), el boli COSMONAUTA (13,30 euros la unidad), y un caso de carcasa, GLIF (9,50 euros la unidad). Para calcular un costo hipotético de las tabletas he debido hacer un ejercicio de economía ficción: he cogido el coste de venta al público del distribuidor que me resulta de interés, 199,99 euros, le he aplicado un optimista 10% de margen y, más optimista todavía, he pensado que podría negociar con él a fin de que me dejase a unidad a 170,99 euros. De otro modo no me saldrían las cuentas. Ya solo el Impuesto sobre el Valor Añadido que se paga en la aduana y los costos aduaneros me ponen la unidad a 214,55 euros, lo que es una pasada de costo si entonces deseo competir en el mercado. Menos mal que es un producto de calidad.

¿Qué nombre...? ¿Qué logotipo?

Una cosa es redactar sobre consejos de administración y otra aplicárselos a uno mismo.

No nos cojamos las manos con los nombres de las tiendas en línea y que procuremos genéricos pues un día vendes cuchillos, otro tijeras y 3 días después, tiendas de campaña y látigos pues de esta forma lo demandan tus usuarios. Puesto que bien, montando la tienda, tras probar múltiples nombres apuesto por PequeTablet.com. Me agrada como suena, pero hasta un mes después no me doy cuenta de hasta qué punto me limita.

El modelo de emprendedor MacGyver no es lo más conveniente, Rafa. La traducción de España es el emprendedor Juan Palomo, pero como la cosa va de ahorrar costos, he desarrollado el logotipo con mis manitas. No es lo mejor de todo el mundo, se le pueden poner mil quejas, pero cuando no hay dinero, las estrategias de guerrilla son tan apañadas.

Hace unos años leí un artículo sobre de qué forma ponerle nombre a tu empresa y diseñar un logotipo. Recordé que una de las fuentes apostó por vincular a la marca a un personaje. Me dio la sensación de que para el mercado infantil –vamos, para los progenitores que consumen esos productos para sus hijos– entraría bien un personaje. De ahí el dibujo. Se supone que es Mari Carmen y es quien escribe la página web, aconseja los productos y te manda los pedidos.

Echando cuentas

Cuando echo cuentas, trato de ser fatalista, pero... ¿hasta qué punto hay que ser fatalista? ¿Para mí, un tipo conservador con una enorme inquina al peligro? Vender cero patatero. Pero, claro, en ese escenario no monta una compañía ni Richard Branson. Conque ¿cuánto es vender poco?

Ahora creo que todo este experimento tiene una trampa. Ya no se trata solo de ver cuánto me cuesta emprender sino más bien de cuánto dinero dispongo realmente, cuánto soy capaz de lograr y hasta dónde estoy presto a invertir en el negocio, hasta dónde estoy presto a llegar. Creo que esa es la primordial diferencia entre un emprendedor y un funcionario disfrazado de emprendedor que trata de montar una tienda virtual.

Al apostar por traer productos de calidad, ya hablo de traer pedidos estadounidenses. Traerme un pedido mínimo de 600 unidades, por servirnos de un ejemplo, del boli del distribuidor estadounidense, me cuesta 7.979,24 euros, incluida ya la aduana (me cuesta 8.400s euros más 1.335,17 euros del 21% de Impuesto sobre el Valor Añadido, más 286,11 euros del 4,5% de aduana que estimo para esta clase de producto). Vamos, que esto ya va más de verdad que traerme 100 bolígrafos de China por 152 euros.

¿Qué cuentas hay que echar? ¿Me pongo a hacer un plan financiero? Recuerdo entonces de algo que aprendí y que se me quedó grabado a fuego: "La planificación de la tesorería es el primordial instrumento de administración financiera que tienes. Olvídate de la cuenta de explotación…".

¡Necesito otra fuente de ingresos!

Realizar el plan de tesorería me ayuda a comprender que necesito producir liquidez con otra fuente de ingresos que no dependa únicamente de la tienda Online.

Tras preparar mi plan de tesorería a un par de años, me percato de que las perspectivas más negativas son tristes y desalientan, pero que tengo una posibilidad. Hace falta algo más. Ya sé que los cálculos solo tienen presente 3 productos (los únicos para los que tengo presupuestos y condiciones reales), pero me sirve para hacerme una idea sobre cuál es el escenario que me marcho a localizar.

Vender a institutos

Me he dado cuenta de que Peque Tablet precisaría una línea auxiliar de liquidez. Se me ocurre abordar la personalización de Tablet y dispositivos móviles en institutos de élite. De la misma manera que los anillos escolares y universitarios en E.U., las tabletas en España: con el logotipo y el ánima máter. A lo mejor asimismo para profesores.

Empiezo a echar cuentas a la personalización de tabletas y dispositivos móviles en los institutos. Busco listados de institutos de élite en Málaga (por algún lugar hay que iniciar). Busco centros privados con mejores notas. Me imagino que van a ser los que se sientan más orgullosos. Mi instituto, a propósito, se encuentra entre los 10 primeros. Hmmm. Podría ser un buen punto de arranque. Si prosigue alguien conocido, lo mismo hasta me recibe. Calculo un costo más asequible, una rebaja de 4 euros en mi margen a cambio de volumen y las cuentas mejoran.

¿Qué afirmaría un especialista?

"Afinar con la facturación es, así como un buen estudio de mercado, lo más difícil de un plan de negocio", afirman los especialistas. Para intentar atinar, me explican, debes tomar en consideración un máximo: la facturación de tu competencia –vía Registro Mercantil y empresas que venden informes de empresas–; y un mínimo: el punto de equilibrio (cuánto debes vender de cada producto para cubrir todos tus costos, fijos y variables). A la primera parte, el máximo, no llego por tiempo, con lo que me limito a calcular las cantidades que debo vender para cubrir costos. Este análisis, entre el análisis económico–financiero y el estudio de mercado, te hace ver asimismo cara dónde va el campo.

"¿Qué le pasa a tu competencia? ¿Van cara arriba? ¿Van cara abajo? Te resulta interesante ver eso no solo para hacer previsiones de facturación, sino más bien para tomarle asimismo la medida al ámbito en el que te quieres meter. Recuerdo entonces que cuando charlé con la competencia, comentó que en 2012 se había apreciado más la crisis que en años precedentes en el ecommerce, si bien a ellos les prosigue yendo bien.

¿Qué va a ver mi cliente del servicio?

Lo lees. Aun tienes ejemplos, y, no obstante, en el momento en que te pones a hacerlo, no marcha. He escrito en múltiples ocasiones sobre posicionamiento web en buscadores, soy capaz de darte una charla práctica de hora y media sobre el tema y resaltarte las mejores prácticas... Y después, cuando trato de usarlo en mi negocio, no soy capaz de aplicármelo en mis carnes.

Todo esto lo digo pues hago un boceto (solo un boceto, no pretendía que fuera la página de inicio real de mi tienda Online) para proponérselo entonces a mi distribuidor de servicios en Internet. Si bien mi tienda Online se edificará sobre una plantilla que sabe dónde debe ir cada cosa a fin de que funcione la venta, deseo hacer una distribución rústica de productos y de todos y cada uno de los elementos que deseo tener. Cuando ya lo tengo todo, ya antes de proponérselo a mi distribuidor tecnológico, me veré al especialista, quien me pone los puntos sobre las íes: no he dado ni una.

Sin sorpresas para mis clientes del servicio

Solo acierto en 2 cosas: una, en que aplico –y asumo– el Impuesto sobre el Valor Añadido en todos y cada uno de los costos y se lo dejo claro al cliente del servicio. Como usuario, a mí me da bastante saña cuando comienzo a sumar el Impuesto sobre el Valor Añadido a una compra en línea. Y asimismo acierto con una política a la que llamo 'transparencia total' en los gastos de envío. No voy a meterle nada de margen a mis envíos. Los pagará el cliente del servicio –no los voy a aceptar yo–, pero le costará única y solamente lo que cuesta de veras el servicio. No deseo hacer dinero con eso.

Puedo no tener el mejor costo, pero la logística –costes de envío reales– puede ser una ventaja a nivel competitivo.

¿De qué manera mejoró el logotipo de mi tienda virtual?

Cometo un fallo habitual: el logotipo grande ande o no ande. No tengo presente, que mi marca no es famosa y que el diseño gráfico habría de ser la última de mis preocupaciones, siendo las primeras la navegabilidad de la web y el posicionamiento. Meter el logotipo grande me quita ocasiones para introducir contenido que sí que le resulta de interés a Google.

Me apuntan que he desaprovechado por completo mi menú cara la usabilidad y posicionamiento, y me sugiere las próximas reflexiones:

- "¿Por qué expresiones te quieres posicionar? Por el hecho de que no queda claro. Debe ir en el eslogan de tu empresa. No puedes perder esa ocasión para tu SEO". Lo de 'Convierte tu tableta...' no marcha para posicionarme y solo confunde al buscador de Google".
- "Falta el login/registro".
- "¿Cuáles son tus expresiones para definirte en tu tienda? En tu home, la densidad de expresiones debe rondar el 10%".
- "Tienes que delimitar la ficha de producto".
- "Tienes que poner el nombre del producto y precisas explicar exactamente en qué consiste el producto".

- "Tienes que acotar mejor las categorías".

- "Faltan pestañitas, que asisten con el SEO".

- "Tienes que meter contenido de tus redes sociales, no puedes obligar a tu usuario a pinchar y perderle. Dale contenido".

- "Los menús no son claros".

- "Identifica tus marcas en los menús".

Insisten en que, sobre todo, fallo en que Google precisa texto y, en este planteamiento, no lo doy. Me apuntan que no me queda clara mi definición de tienda en línea, ni de los productos, ni tampoco cuál es mi objetivo. Me sugiere que trabaje en una relación de expresiones por las que me quiero posicionar. Señalo estas:

- 'Accesorios para tabletas'

- 'Lápices táctiles'

- 'Stylus'

- 'Lápices táctiles para Android'
- 'Bolígrafos táctiles'
- 'Tablet para niños'
- 'iPad cover smart'
- 'Accesorios para tablets'
- 'Fundas para tablet'
- 'Personalización de tablets'
- 'Fundas para iPad'

Entonces insiste en la relevancia de incluir asimismo en la descripción posicionamiento web en buscadores en la pestañita del navegador. "Pienso: "Tienda Online de accesorios de Tablet para niños".

¿Va a funcionar?

Continúan:

- "Huye del rotador. Mejor apuesta por un banner fijo, una imagen estática con un mensaje que puedes cambiar".
- "Si apuestas por un tiempo de entrega y un coste de envío de productos, debe quedar considerablemente más claro y debería ir más centrado en la zona premium de la home page de tu tienda.
- "El login (mi carro) debe quedar más claro. Precisas información de tus consumidores", me explican. Le comento que no deseo solicitar muchos datos a los usuarios, y me contra argumenta que la única diferencia entre un cuestionario de registro y uno de pasarela de pago es que hay que solicitar el e-mail. Para las páginas interiores de producto, le comento que tengo idea de coger los

productos de la home y ponerlos tal como, solo que a lo grande. [Sí, ahora que lo escribo, me da vergüenza...].

- "Aprovecha para meter toda la informaición en la zona premium y debe aparecer el costo, los gastos de envío y la posibilidad de comprar".

- "Apoya la ficha con una buena descripción de producto y fotos".

Conclusiones de este experimento

Si has llegado hasta aquí, te percatarás de que todo este esmero para realizar un plan de negocio y arrancar una tienda en línea, no implica que el proyecto vaya a salir bien... ni mal.

Hay un trabajo anterior ya antes de abrir una tienda virtual y un trabajo, diferente, cuando ya contratas al distribuidor, apruebas el diseño de la tienda, te llegan los pedidos, te pones a producir tráfico y abres la tienda. Cuando abres la tienda es cuando comienza el auténtico trabajo.

Si deseas que te afirme qué he aprendido –además de padecer como y a hacer un plan de tesorería–, es esto:

1.- **Si no tienes el dinero que precisas para emprender, no emprendas.** Si no tuviese esos 31.288 hipotéticos euros en el bolsillo, no me metería en un negocio semejante, ni solicitaría dinero para montarlo. Otra cosa es que sí dispusiese de esa cantidad... Solo después solicitaría dinero.

2.- **Si bien la inversión Online sea menor** que las inversiones que se requerían ya antes para emprender, el comercio Online sigue suponiendo un peligro económico. Es verdad que antes que existiese el canal de ventas de Internet era impensable –a ver, con matices– emprender un negocio –que no prestar servicios– por menos de 50 euros. ¿Un negocio por 35 euros? El personaje de

Antonio Alcantara nos tildaría de locos. No obstante, es igualmente peligroso. Prosigue siendo mucho dinero. Que te juegues menos dinero, no desea decir que no haya dinero en juego. ¿Estás dispuesto a tirar por la borda tu capitalización? Mientras que realizaba este proyecto, recordé un consejo que me dio un maestro de Economía, hace varios años: ¿cuánto conseguirías si no invirtieses el dinero que vas a dedicar a tu proyecto? 31.288 euros a un interés fijo de 3,95% por ciento TAE en un banco sólido: 1.218 euros a 12 meses. Rafa, ¿dónde se encuentra ese espíritu emprendedor?

3.- **Si emprendiese, de veras, montaría un negocio del que comprendiera**. Y no me metería a dependiente, que es muy respetable, pero es algo para lo que con sinceridad no tengo talento. Tengo clarísimo que me dedicaría a prestar servicios de las materias que conozco: seguridad, redes, internet, emprendimiento, inversión, ahorro...

4.- **Si debes mudar el modelo de negocio** pues te percatas de que no te lleva a parte alguna o bien que se va a agotar, cambia. No te aferres a una idea. Es lo que los líderes llaman 'pivotar' y el resto de los mortales, los pies en el suelo.

5.-**Y si el negocio no es viable**, no te empeñes en sacarlo adelante. Al final, el proyecto que he desarrollado se quedaría en una tienda para producir un dinero complementario a un salario, pero no me daría un salario para vivir.

Te espero en https://cocorafa.es y ¡por supuesto! en las redes sociales:

Instagram Facebook Twitter Google + Pinterest LinkedIn YouTube

Puedes escribirme a info@cocorafa.es y contestaré encantado cualquier consulta que quieras plantear.

Te deseo todo lo mejor

www.ingramcontent.com/pod-product-compliance
Lightning Source LLC
Chambersburg PA
CBHW030735180526
45157CB00008BA/3174